BEI GRIN MACHT SICH IHR
WISSEN BEZAHLT

Fuzzy Controller. Theorie, Darstellung der Funktionsweise einer Fuzzy-Regelung anhand eines Anwendungsbeispiels, Vor- und Nachteile von Fuzzy Controllern

Bibliografische Information der Deutschen Nationalbibliothek:

Die Deutsche Nationalbibliothek verzeichnet diese Publikation in der Deutschen Nationalbibliografie; detaillierte bibliografische Daten sind im Internet über http://dnb.d-nb.de abrufbar.

ISBN: 9783346892164
Dieses Buch ist auch als E-Book erhältlich.

Druck und Bindung: Books on Demand GmbH, Norderstedt Germany
Gedruckt auf säurefreiem Papier aus verantwortungsvollen Quellen

Das vorliegende Werk wurde sorgfältig erarbeitet. Dennoch übernehmen Autoren und Verlag für die Richtigkeit von Angaben, Hinweisen, Links und Ratschlägen sowie eventuelle Druckfehler keine Haftung.

Das Buch bei GRIN: https://www.grin.com/document/1365261

Assignment

Fuzzy Controller

Modul: Systemdesign

Datum der Einreichung: 25.03.2021

Datum der Abgabe: 02.05.2021

Elsenfeld, 25.03.2021

Inhaltsverzeichnis

Abbildungsverzeichnis

Abkürzungsverzeichnis

CoA	Center-of Area
CoM	Center-of-Maxima
MoM	Mean-of-Maxima
ppm	parts per million

Tabellenverzeichnis

1 Einführung in die Thematik

1.1 Ausgangslage und Problemstellung

„Für Schwarz-Weiß-Denker hört die Welt dort auf, wo sie bunt zu werden beginnt".[1]

Mit diesem Zitat des österreichischen Dichters und Aphoristiker Ernst Ferstl soll verdeutlicht werden, dass die Welt nicht nur aus einer zweideutigen Sichtweise besteht, sondern die Vielfalt zwischen dieser, detaillierter zu betrachten und wahrzunehmen ist. Die klassische Mathematik beruht darauf, dass alle logischen Aussagen den Eigenschaften *wahr* oder *falsch* zuzuordnen sind.[2] Auch Aristoteles basierte in Bezug auf die binäre Logik darauf, dass etwas nicht möglich sein kann, wenn es gleichzeitig gerade und rund ist. Allerdings ist diese Logik bereits überholt und sowohl in der Mathematik als auch in der Quantenphysik widerlegt worden.[3] Unter bestimmten Gegebenheiten können Sachverhalte nicht eindeutig zugeordnet werden. Im Gegensatz zur Technologie ist der Mensch dazu in der Lage, unscharfe Informationen aufzunehmen, zu verarbeiten und zu beherrschen, ohne eine bestimmte Formalisierung der Gegebenheiten zu berücksichtigen. Dies kann u.a. das Verständnis von *kühl, angenehm* oder *heiß* sein und sind für die Menschen als vollkommen ausreichend anzusehen.[4] Um diese unscharfen Informationen in die Technik zu übertragen, müssen diese quantifiziert werden. Dies geschieht mit Hilfe der Fuzzy-Mengenlehre. Die Motivation dahinter ist ein regelbasiertes Expertenwissen in automatisierungstechnische Lösungen, welche transparent in Maschinen oder anderen technischen Systemen implementiert werden.[5] Die Problematik lässt sich u.a. darin identifizieren, dass sich die technische Umsetzung von verbalen Beschreibungen in scharfe Ausgangswerte als schwierig erweist. Aufgrund dessen wird sich im Hinblick dieses Assignments auf die Einfachheit der Beschreibung von sog. linguistischen Variablen

---

[1] Aphorismen (1997-2021), (Zugriff am 07.03.2021).
[2] Vgl. Kruse, R. et. al. (2015), S. 289.
[3] Vgl. Völker, C. (2010), S. 59.
[4] Vgl. Kruse, R. et al. (2015), S. 289 f.
[5] Vgl. Mikut, R. et al. (1999), (Zugriff am 07.03.2021).

bezogen, die sich durch das Aufstellen von Regeln in einer Regelbasis verarbeiten und auswerten lassen, um ein Grundverständnis dieser Thematik aufzuweisen.[6]

1.2 Zielsetzung und methodisches Vorgehen

Das Ziel dieses Assignments besteht darin, ein Grundverständnis zum Themengebiet des Fuzzy-Controllers näher zu bringen, um dann den Aspekt der Modellierung zum einen mit Methoden, zum anderen mit Hilfe der Fuzzy-Logik näher zu betrachten und diese abschließend mit Vor- und Nachteilen zu beschreiben. Literaturgeleitet werden zunächst die Grundlagen des Fuzzy-Controllers erläutert. In Kapitel 2 wird dabei auf die Definitionen des Fuzzy-Begriffs und des Fuzzy-Controllers eingegangen. Im Anschluss daran erfolgt eine Beschreibung der Verarbeitungsschritte Fuzzifizierung, Inferenz und Defuzzifizierung des Fuzzy-Systems. Darauf aufbauend wird in Kapitel 3 die Darstellung der Funktionsweise einer Fuzzy-Regelung anhand eines Anwendungsbeispiels illustriert. Dabei werden die zuvor beschriebenen Methoden und Verfahren aus den Grundlagenbereich in die praktische Umsetzung übertragen. In Kapitel 4 werden die Vor- und Nachteile eines Fuzzy-Controllers gegenüber regelbasierten Systemen ohne Fuzzy-Logik behandelt. Abschließend erfolgt in Kapitel 5 eine Zusammenfassung sowie eine kritische Reflexion dieser Arbeit. Ein Ausblick auf weitere Untersuchungen rundet die Arbeit ab.

2 Theoretische Grundlagen

Um ein Verständnis zum Thema Fuzzy Controller bzw. Fuzzy-Regler zu erhalten, wird im folgenden Abschnitt des Assignments auf die Entwicklung und Begrifflichkeit von Fuzzy näher eingegangen. Darauf aufbauend erfolgt die Beschreibung eines Fuzzy-Controllers, welcher später in Kapitel 3 durch ein Anwendungsbeispiel illustriert wird.

---

[6] Vgl. Kruse, R. et. al. (2015), S. 290.

2.1 Der Fuzzy-Begriff

Der Begriff *Fuzzy* stammt aus dem englischen Sprachgebrauch und lässt sich als *unscharf* oder *verwischt* übersetzen.[7] Damit sei gemeint, dass die Zugehörigkeit eines Elements keine scharfe Grenze wie in der klassischen Mengenlehre aufweisen kann. Dies wird häufig mit dem menschlichen Empfinden gleichgesetzt, woraus sich die unscharfen Werte aus dem natürlichen Sprachgebrauch, wie bspw. *„schnell"*, *„kalt"* oder *„sehr hoch"* zuordnen lassen.[8] Aus der historischen Entwicklung heraus wurde der Begriff *Fuzzy-Logik* in den 1960er Jahren von Lotfi Zadeh in seiner Publikation „Fuzzy Sets" erstmals bekannt. Bei der Veröffentlichung entwickelte Zadeh die Theorie der unscharfen Mengen als eine Erweiterung des klassischen Mengenbegriffs.[9] Zu Beginn dieser Entwicklung hat die Fuzzy-Logik kaum das Interesse von Fachleuten hervorgerufen. Zu den ersten Anwendungen zählte bspw. die Zeichenerkennung und Datenanalyse in Europa und USA.[10] Erst im Laufe der Zeit setzte sich diese Entwicklung mit den Begriffen des Fuzzy Controllers bzw. Fuzzy-Reglers zur Steuerung technischer Anwendungen weiter fort und ist seit den 1990er Jahren kontinuierlich angestiegen. Dies ist einerseits auf die steigende Anzahl der Veröffentlichungen über die unscharfe Logik, andererseits auf die erhöhten Absatzmengen kommerzieller Produkte zurückzuführen. Angefangen hat die Entwicklung der Fuzzy-Logik bei Konsumgütern, wie bspw. Waschmaschinen, Staubsaugern und Videokameras. In der heutigen Zeit stehen eine unüberschaubare Anzahl von Entwicklungswerkzeugen zur Verfügung. Die Einsatzgebiete der Fuzzy-Logik sind u.a. in der Automatisierungstechnik, in der Regelungstechnik, in Expertensystemen oder in der Modellierung von unvollständigen und ungenauen Informationen vertreten.[11]

---

[7] Vgl. Zacher, S., Reuter, M. (2017), S. 371.
[8] Vgl. Bungartz, H.-J., Zimmer, S., Buchholz, M., Pflüger, D. (2013), S. 260.
[9] Vgl. Hoffmann, F. (1997), S. 9.
[10] Vgl. Unbehauen, H. (2001), S. 329 f.
[11] Vgl. Hoffmann, F. (1997), S. 9.

2.2 Der Fuzzy-Controller

Der größte Erfolg eines Fuzzy-Systems lässt sich auf die Anwendung des Reglers zu-rückführen.[12] Hierzu wird zunächst auf den Wirkungsplan eines klassischen Reglers ein-gegangen, bevor die Struktur des Fuzzy-Reglers detaillierter beschrieben wird.

Gemäß der DIN 19 226 ist „Regeln ein Vorgang, bei dem eine Größe, die Regelgröße, fortlaufend erfasst (gemessen), mit einer anderen Größe, der Führungsgröße, verglichen und abhängig vom Ergebnis dieses Vergleichs im Sinne der Angleichung an die Füh-rungsgröße beeinflusst wird. Der sich daraus ergebende Wirkungsablauf findet in einem geschlossenen Kreis, dem Regelkreis, statt".[13] Ein Regelkreis kann sich in die Bereiche Regelstrecke und Regeleinrichtung unterteilen. Aus einer gemessenen Regelgröße x und dem Vergleich der Führungsgröße w resultiert die Regeldifferenz $e = w - x$. Dabei wird anhand der Regeleinrichtung die Stellgröße y_R erzeugt, welche zusätzlich von äu-ßeren Störgrößen z beeinflusst wird. Dabei ist anzumerken, dass die Störgrößen an ver-schiedenen Stellen des Regelkreises auftreten können. Schließlich wirkt die resultie-rende tatsächliche Stellgröße y_S auf die zu regelnde Regelstrecke.[14]

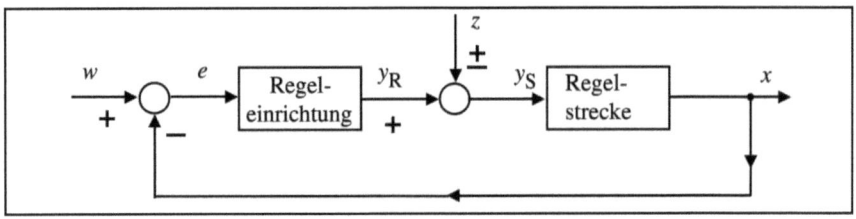

Abbildung 1: Vereinfachter Wirkungsplan eines Regelkreises[15]

Der Fuzzy-Regler ist in ähnlicher Weise aufgebaut. Lediglich der Regler selbst fungiert mit unscharfen Werten. Dabei wurde der Fuzzy-Regler im Jahre 1975 von Mamdani auf

---

[12] Vgl. Thomas, O. (2009), S. 168.
[13] Unbehauen, H., Ley, F. (2014), S. 2.
[14] Vgl. Zacher, S., Reuter, M. (2017), S. 6.
[15] Zacher, S., Reuter, M. (2017), S. 6.

Grundlage von Zadeh publizierten Werken entwickelt. Der Mamdani-Regler[16] zeichnet sich dadurch aus, dass dieser eine endliche Menge von sog. Wenn-Dann-Regeln in der Regelbasis aufweisen kann.

Wie bei einem konventionellen Regler wird bei einem Fuzzy-Regler die Führungsgröße mit der Regelgröße verglichen. Die daraus resultierende Regeldifferenz e_{akt} wird dabei zunächst „verunschärft", was die Grundlage für die weiteren Regelschritte beinhaltet. Die unscharfen Größen lassen sich mit logischen Operatoren verknüpfen und werden mit den definierten Regeln in der Regelbasis beschrieben. Daraus ermittelt der Regler die Menge einer jeden Stellgröße für jede Regel, woraus ein unscharfer Wert der Stellgröße resultiert. Aus der unscharfen Stellgröße ergibt sich ein scharfer Wert, der durch die Stellgröße y_{akt} abgebildet wird und somit die Stelleinrichtung angesteuert wird.[17] Für die Umsetzung eines Fuzzy-Control-Systems werden die Verarbeitungsschritte *Fuzzifizierung*, *Inferenz* und *Defuzzifizierung* verwendet, worauf im nächsten Abschnitt des Assignments detaillierter eingegangen wird.

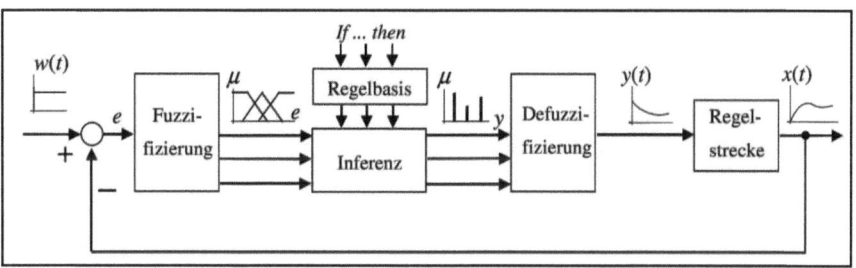

Abbildung 2: Wirkungsplan eines Regelkreises mit Fuzzy-Regler[18]

2.3 Die Fuzzifizierung

Unter einer Fuzzifizierung wird das Übertragen einer scharfen Eingangsgröße in eine unscharfe Größe verstanden. Dabei muss jede Eingangsgröße eines Fuzzy-Systems mit

---

[16] In der Literatur existieren weitere Arten von Fuzzy Reglern. Da für dieses Assignment lediglich der Mamdani-Regler verwendet wird, wird an dieser Stelle auf weiterführende Literatur verwiesen, siehe dazu Kruse, R. et. al. (2015), S. 347 ff.
[17] Vgl. Zacher, S., Reuter, M. (2017), S. 371.
[18] Zacher, S., Reuter, M. (2017), S. 371.

einer linguistischen Variablen und deren linguistischen Termen zugeordnet werden. Eine linguistische Variable ist eine Variable, deren Werte sog. Fuzzy-Mengen beinhalten. Dabei bildet die Variable eine physikalische Größe ab, wie bspw. *Temperatur* und lässt sich stets über die Grundmenge Ω definieren. Die unscharfen Werte, die von den Variablen angenommen werden, versteht man unter linguistische Werte bzw. linguistische Terme. Dies kann bspw. „kalt", „angenehm" oder „warm" sein. Bei der Fuzzifizierung lässt sich der Zugehörigkeitsgrad der Eingangsgröße zu jedem linguistischen Terme berechnen und / oder grafisch darstellen.[19]

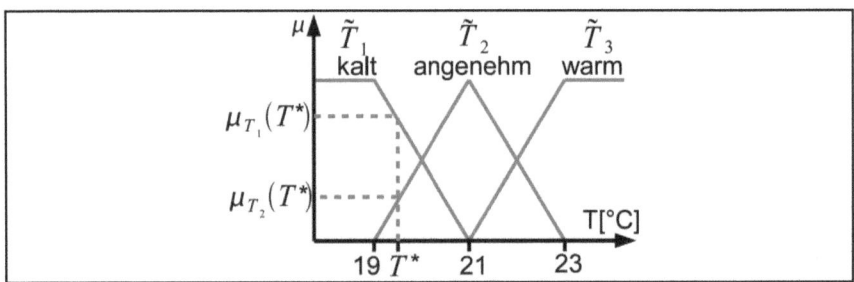

Abbildung 3: Fuzzifizierung eines Temperatur-Messwertes[20]

2.4 Das Inferenzverfahren und die Regelbasis

Das Inferenzverfahren ist die Auswertung der Regelbasis, welche auf der Grundlage der zur Verfügung stehenden Informationen aus der Fuzzifizierung erfolgt. Die Inferenz erhält nämlich die entsprechenden Zugehörigkeitsgrade der scharfen Messwerte zu den linguistischen Termen und lassen sich als Wahrheitswerte von zugehörigen Fuzzy-Aussagen deuten. Die Inferenz wird in die Schritte *Aggregation*, *Implikation* und *Akkumulation* unterteilt.[21] Bevor auf die einzelnen Schritte detaillierter eingegangen wird, muss zunächst die Regelbasis näher erläutert werden.

---

[19] Vgl. Bungartz, H.-J., Zimmer, S., Buchholz, M., Pflüger, D. (2013), S. 264 ff.
[20] Bungartz, H.-J., Zimmer, S., Buchholz, M., Pflüger, D. (2013), S. 269.
[21] Vgl. Bungartz, H.-J., Zimmer, S., Buchholz, M., Pflüger, D. (2013), S. 270.

Die Regelbasis wird auf der Basis linguistischer Variablen aufgestellt. Dabei setzt sich jede Regel aus einem *WENN*-Teil (Prämisse) und einem *DANN*-Teil (Konklusion) zusammen. Grundsätzlich kann gesagt werden, dass sich der *WENN*-Teil i.d.R. aus zwei linguistischen Eingangswerten zusammensetzt und der gemeinsame Erfüllungsgrad mathematisch bestimmt wird. Zu den gebräuchlichsten Operatoren gehören die *UND*-Verknüpfung und die *ODER*-Verknüpfung.[22]

Gemäß Zadeh seien die Fuzzy-Mengen $\tilde{A}$ und $\tilde{B}$ durch die Zugehörigkeitsfunktionen $\mu_{\tilde{A}}(x)$ und $\mu_{\tilde{B}}(x)$ gegeben. Hierbei wird die Schnittmenge mit dem logischen Operator UND gebildet. Dabei wird diese anhand des Minimum-Operators gebildet, bei dem der kleinste Wert beider Mengen gewählt wird. Handelt es sich um die Vereinigungsmenge zweier Fuzzy-Mengen $\tilde{A}$ und $\tilde{B}$, so wird diese mit dem logischen Operator ODER gebildet und das Maximum beider Zugehörigkeitsfunktionen gewählt.[23] Dies lässt sich in nachfolgender Abbildung grafisch darstellen.

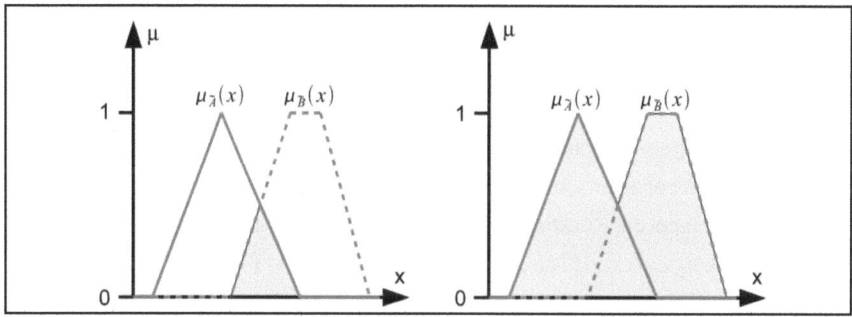

Abbildung 4: Schnitt zweier Fuzzy-Mengen (links), Vereinigung zweier Fuzzy-Mengen (rechts)[24]

Bei einer Aggregation wird der Wahrheitswert der Prämissen sämtlicher Regeln bestimmt. Dabei lassen sich unterschiedlich viele Prämissen auf unterschiedliche Weise miteinander verknüpfen. Regeln, bei denen die Schlussfolgerung nicht null sind, werden als aktive Regeln bezeichnet. Als Ergebnis wird eine Erfüllungsmatrix aufgestellt, welche die jeweiligen Erfüllungsgrade der Gesamtprämisse angibt. Bei der Implikation werden

---

[22] Vgl. Zacher, S., Reuter, M. (2017), S. 374.
[23] Vgl. Vgl. Bungartz, H.-J., Zimmer, S., Buchholz, M., Pflüger, D. (2013), S. 263.
[24] Bungartz, H.-J., Zimmer, S., Buchholz, M., Pflüger, D. (2013), S. 263.

die Fuzzy-Mengen verknüpft und mit den aufgestellten Regeln abgeglichen. Dabei lassen sich unterschiedliche Implikationsmethoden für die Umrechnung der Zugehörigkeitsfunktionen jeder linguistischen Ausgangsvariable aufweisen, wie bspw. die Mamdani-Implikation mithilfe des Minimum Operators, worauf im Anwendungsbeispiel dieses Assignments näher eingegangen wird. In der Akkumulation erfolgt die Zusammenfassung der verschiedenen Fuzzy-Mengen sowie die Zusammenführung zu einem Inferenzmuster, d.h. in einer Fläche wird der Gesamtzusammenhang aller Eingangsgrößen abgebildet. Das Ergebnis der Inferenz stellt somit eine Ausgangs-Fuzzy-Menge für die Stellgröße dar.[25]

2.5 Die Defuzzifizierung

Die Defuzzifizierung ist der abschließende Teil des Fuzzy Systems, bei dem die resultierende Ausgangs-Fuzzy-Menge aus der Akkumulation in eine scharfe Ausgangsgröße umgewandelt wird.[26] Für die Umwandlung lassen sich drei Verfahren näher beleuchten: das Flächenschwerpunktverfahren (Center-of Area, CoA), das Maximumsmittelwertverfahren (Mean-of-Maxima, MoM), und die Maximumschwerpunktmethode (Center-of-Maxima, CoM).[27] Das MoM Verfahren ist als eine einfache Defuzzifizierungsstrategie anzusehen, bei dem der Mittelwert der maximalen Zugehörigkeitsgraden von den Ausgangs-Fuzzy-Mengen gewählt wird. Dieses Verfahren findet in der Praxis nicht so häufig Anwendung, da es bei einer symmetrischen Fuzzy-Menge zu einer sprunghaften Regelung kommt und sich bei der Rücktransformation als nachteilig auswirken kann. Das CoA Verfahren, bei dem der scharfe Ausgangswert die Position des Flächenschwerpunktes beinhaltet, weist ähnliche Nachteile von unerwünschten Mittelwerten wie bei der MoM Methode auf. Um dieser Problematik entgegenwirken zu können, haben Kahlert und Frank aus dem Jahre 1994 eine Methode entwickelt, die besagt, dass immer der am weiteste rechts bzw. weiteste links liegende Wert mit maximalem Zugehörigkeitsgrad ausgewählt werden soll. Schließlich wird mit dem CoM Verfahren der Schwerpunkt jeder Fläche einer Fuzzy-Menge ermittelt und daraus ein scharfer Ausgangswert erzeugt.[28] Zum besseren

---

[25] Vgl. Bungartz, H.-J., Zimmer, S., Buchholz, M., Pflüger, D. (2013), S. 266 ff.
[26] Vgl. Berns, K., Köpper, A., Schürmann, B. (2019), S. 199.
[27] Vgl. Schröder, D., Buss, M. (2017), S. 877.
[28] Vgl. Kruse, R. et. al. (2015), S. 355 f.

Verständnis der drei Defuzzifizierungsverfahren lassen sich diese im Anhang des Assignments nochmals grafisch darstellen (siehe Anhang 1).

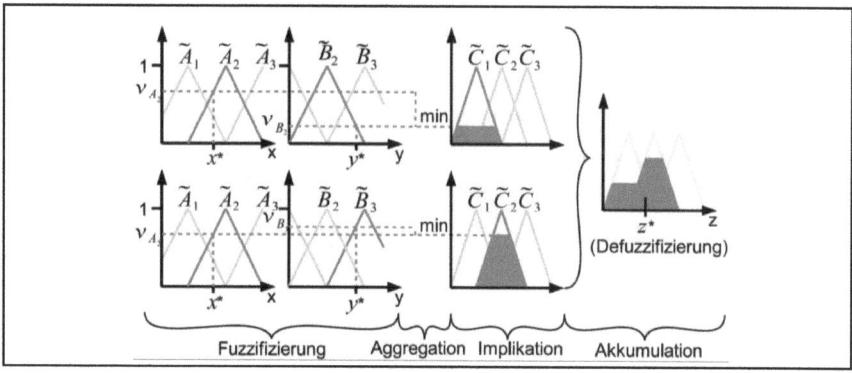

Abbildung 5: Beispielhafte Darstellung der Verarbeitungsschritte zweier Regeln[29]

3 Darstellung der Funktionsweise einer Fuzzy-Regelung anhand eines Anwendungsbeispiels

Auf den Grundlagen aufbauend, bei der die Entwicklung und Begrifflichkeit eines Fuzzy-Controllers deskriptiv beschrieben wurde, wird im Folgenden Abschnitt dieses Assignments die Funktionsweise eines Fuzzy-Controllers anhand eines Anwendungsbeispiels illustriert.

3.1 Beschreibung des Anwendungsbeispiels

Bei dem ausgewählten (fiktiven) Beispiel handelt es sich um ein Smart Home mit eingebauten Touchpanels zur Haussteuerung, in dessen spezielle *AIR4U* Messsensoren integriert sind. Anhand dieser Sensoren lässt sich die Luftqualität eines jeden Raumes messen und mit Hilfe von intelligenten Lüftungssystemen dementsprechend anpassen. Das Lüftungssystem saugt dabei die verbrauchte Luft des Hauses ein und befördert diese nach draußen. Gleichzeitig saugt das System sauerstoffreiche Außenluft ein, die es

---

[29] Bungartz, H.-J., Zimmer, S., Buchholz, M., Pflüger, D. (2013), S. 272.

wiederrum in den jeweiligen Raum einbläst.[30] Hierbei wird die Stärke der Ventilatoreneinstellung des Lüftungssystems durch die Messung des Kohlendioxidgehalts (CO_2) im jeweiligen Raum des Hauses bestimmt. Sowohl die integrierten AIR4U Sensoren im Touchpanel als auch das Lüftungssystem stehen via Bluetooth im ständigen Austausch zueinander. In Bezug auf die aktuelle Corona-Pandemie sind die Arbeitgeber von der Bundesregierung dazu verpflichtet worden, allen Mitarbeitern Homeoffice zu ermöglichen, soweit dies machbar ist. Aus diesem Grund werden die privaten Innenräume u.a. durch die vermehrte Anwesenheit der Menschen stärker als sonst mit schlechter Luftqualität, wie bspw. Schadstoffen, Heizluft und Staub belastet. Dies kann sich negativ auf die Gesundheit und auf die Produktivität der Arbeitsleistung auswirken. Müdigkeit und Kopfschmerzen sind bekannte Folgen. Aus diesem Grund ist es als essenziell anzusehen, dass die Qualität der Luft, in denen viel Zeit verbracht wird, gemessen wird. Das System kann dabei sowohl mit linguistischen Variablen als auch mit Sprachsteuerung und Toucheingabe arbeiten. Auf diese Weise wird der Komfort beim Arbeiten erhöht, sodass stehts die präferierte Einstellung der Luftqualität vorgenommen werden kann. Bei längerer Abwesenheit des Raumes kann durch die individuelle Eingabe gewährleistet werden, dass das System in dieser Zeit nicht arbeitet, was zusätzliche Kosteneinsparungen erzielen lässt.

3.2 Definition der Variablen

Damit das vorliegende Beispiel angewendet werden kann, werden zunächst die notwendigen Variablen definiert. Die Eingangsgrößen beziehen sich hierbei auf die IST-CO_2 Luftqualität e_1 und die Soll-CO_2 Luftqualität e_2. Die Luftqualität, gemessen in der Maßeinheit parts per million (ppm), gibt dabei an, wie viel Kohlendioxid sich in dem jeweiligen Raum des Hauses befindet. Als Ausgangsgröße wird die Ventilatoreneinstellung a_1 bestimmt, welche die Differenz der SOLL-CO_2 und der IST-CO_2 darstellt und somit die Luftqualität eines Raumes verändert und anpasst. Die dabei eintretenden Einfluss- und Störgrößen dieses Systems werden aus Vereinfachungsgründen vernachlässigt. Die Beschreibung

---

[30] Hierbei sei anzumerken, dass ein Lüftungssystem über weitere Funktionen verfügt, wie bspw. Temperaturregelung durch Wärmerückgewinnung oder der speziellen Filtertechnik der Außenluft. Da es sich hierbei um ein fiktives Beispiel handelt wird dieses an dieser Stelle vereinfacht dargestellt.

der linguistischen Terme, welche die Fuzzy-Mengen darstellen, werden ebenfalls beschrieben. Dabei werden die Zugehörigkeitsfunktionen der Fuzzy-Mengen im Anschluss durch den Verarbeitungsschritt der Fuzzifizierung über die Eingangs- und Ausgangsgrößen definiert. Somit lassen sich die folgenden Parameter darstellen:

Tabelle 1: Definition und Beschreibung von Variablen und linguistischen Termen[31]

Eingangs- und Ausgangs- größe	Variable	Formelzeichen	Linguistische Terme
e_1	IST-CO_2 in [ppm]	$CO_{2\,IST}$	nicht messbar, sehr gut, gut, mittel, schlecht, sehr schlecht
e_2	SOLL-CO_2 in [ppm]	$CO_{2\,SOLL}$	nicht messbar, sehr gut, gut, mittel, schlecht, sehr schlecht
a_1	Ventilatoreneinstellung = Differenz SOLL-CO_2 und IST-CO_2 in [ppm]	ΔCO_2	erhöhen, etwas erhöhen, unverändert lassen, etwas verringern, verringern

3.3 Fuzzifizierung

Wie bereits in den Grundlagen erläutert, wird bei einer Fuzzifizierung die Übertragung von scharfen Eingangsgrößen in unscharfe Größen vorgenommen. Jede Eingangsgröße des Fuzzy-Systems wird dabei einem linguistischen Term zugeordnet. Dies lässt sich wie folgt darstellen:

---

[31] Eigene Darstellung.

Tabelle 2: Fuzzifizierung der CO_2 Luftqualität[32]

CO₂ Luftqualität	
$CO_{2\,SOLL}$, $CO_{2\,IST}$	Fuzzy-Menge
CO_2 < 400 ppm	nicht messbar
400 ppm – 1.000 ppm	sehr gut
800 ppm – 1.200 ppm	gut
1.000 ppm – 1.400 ppm	mittel
1.200 ppm – 1.600 ppm	schlecht
1.400 ppm – 2.000 ppm	sehr schlecht

In diesem Beispiel wird die linguistische Variable von der CO_2 Luftqualität und die lingu-istischen Terme von den jeweiligen Fuzzy-Mengen mit einer Grundmenge Ω von 400 ppm bis 2.000 ppm definiert. Ein scharfer Eingangswert von bspw. 1.150 ppm wäre somit in den Fuzzy-Mengen „gut" und „mittel" zu finden, denen wiederum jeweils ein Zugehö-rigkeitswert entspricht. Es sei hierbei anzumerken, dass eine Messung, welche kleiner als 400 ppm ist, als „nicht messbar" eingestuft wird, da die unbelastete Außenluft übli-cherweise eine CO₂-Konzentration von ungefähr 400 ppm[33] aufweist und somit der Sen-sor in diesem Beispiel erst einen ppm Wert ab 400 berücksichtigt. In Bezug auf die Fuzzy-Mengenlehre bedeutet dies, dass die Menge der nicht messbaren CO₂-Konzentration als sog. *Singleton* bezeichnet wird. Es handelt sich hierbei um eine Menge, deren stützende Menge nur eine einzelne reelle Zahl enthält, sodass die Fuzzy-Menge einer klassischen Menge entspricht.[34] Das vorliegende Beispiel berücksichtigt ebenso monoton-lineare und dreieckförmige Zugehörigkeitsfunktionen. Weitere Zugehörigkeitsfunktionen finden sich im Anhang des Assignments in grafischer Form (siehe Anhang 2). In den Abbildungen 6 und 7 lassen sich die Variablen $CO_{2\,IST}$ und $CO_{2\,SOLL}$ mit den entsprechenden Fuzzy-Men-gen abbilden, welche identisch sind. Dabei beschreibt die Variable µ den jeweiligen Zu-gehörigkeitsgrad der jeweiligen Fuzzy- Menge.

---

[32] Eigene Darstellung.
[33] Vgl. OTT HydroMet Fellbach GmbH (2017), (Zugriff am 10.03.2021). Hierbei sei anzumerken, dass sich das Anwendungsbeispiel auf den häuslichen Gebrauch bezieht, bei der eine Messung ab 400 ppm vorge-nommen wird. Für eine Messung der Luftqualität unter 400 ppm, wie bspw. in einem Reinraum, werden spezielle Messgeräte benötigt. Die speziellen Messgeräte werden in diesem Anwendungsfall nicht berück-sichtigt.
[34] Vgl. Schröder, D., Buss, M. (2017), S. 846 ff.

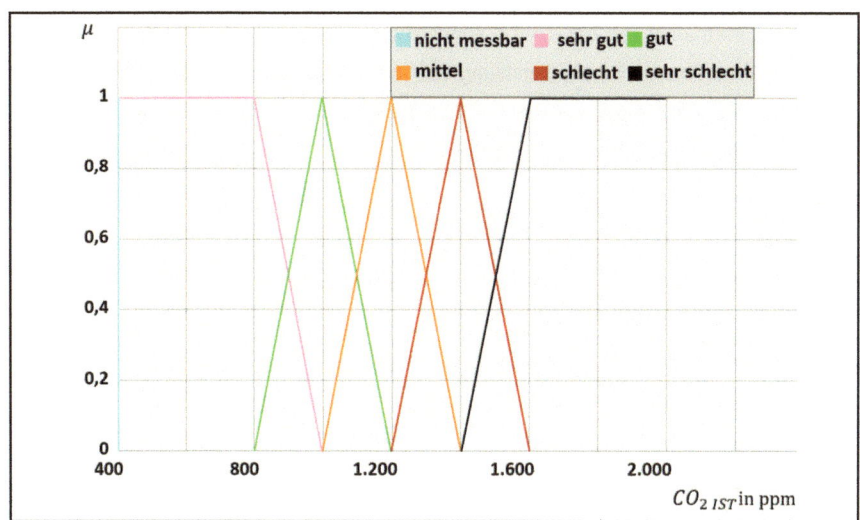

Abbildung 6: Zugehörigkeitsfunktionen der Fuzzy-Mengen aus $CO_{2\,IST}$ [35]

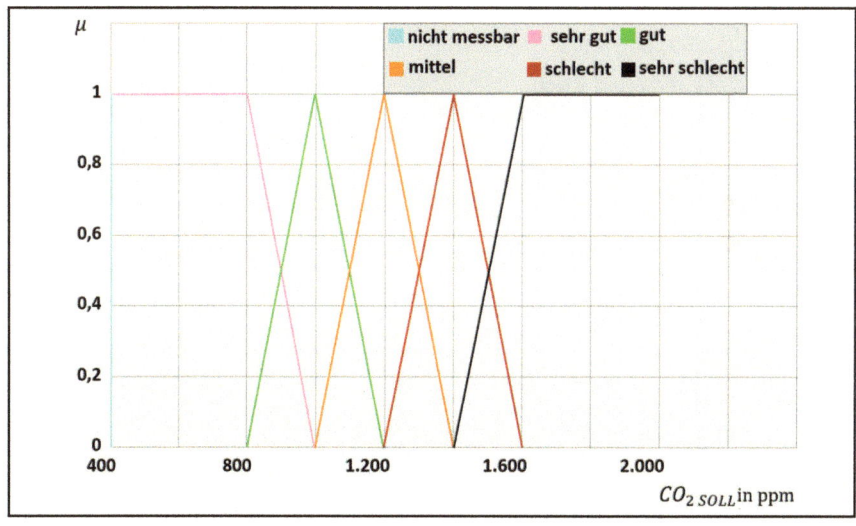

Abbildung 7: Zugehörigkeitsfunktionen der Fuzzy-Mengen aus $CO_{2\,SOLL}$ [36]

---

[35] Eigene Darstellung.
[36] Eigene Darstellung.

Aufgrund des begrenzten Umfangs des Assignments werden die Zugehörigkeitsfunktionen nicht mathematisch berechnet, sondern grafisch ermittelt und abgelesen. Um ein besseres Verständnis für die Ermittlung bzw. das Ablesen von Zugehörigkeitswerten zu erhalten, wird ein Beispiel mit einem CO_2 Gehalt von 1.150 ppm ($CO_{2\,IST}$) und 900 ppm ($CO_{2\,SOLL}$) berücksichtigt.

$\mu CO_{2\,SOLL,nicht\,messbar}(900\ \text{ppm}) = 0,0$

$\mu CO_{2\,SOLL,sehr\,gut}(900\ \text{ppm}) = 0,5$

$\mu CO_{2\,SOLL,gut}(900\ \text{ppm}) = 0,5$

$\mu CO_{2\,SOLL,mittel}(900\ \text{ppm}) = 0,0$

$\mu CO_{2\,SOLL,schlecht}(900\ \text{ppm}) = 0,0$

$\mu CO_{2\,SOLL,sehr\,schlecht}(900\ \text{ppm}) = 0,0$

$\mu CO_{2\,IST,nicht\,messbar}(1.150\ \text{ppm}) = 0,0$

$\mu CO_{2\,IST,sehr\,gut}(1.150\ \text{ppm}) = 0,0$

$\mu CO_{2\,IST,gut}(1.150\ \text{ppm}) = 0,3$

$\mu CO_{2\,IST,mittel}(1.150\ \text{ppm}) = 0,7$

$\mu CO_{2\,IST,schlecht}(1.150\ \text{ppm}) = 0,0$

$\mu CO_{2\,IST,sehr\,schlecht}(1.150\ \text{ppm}) = 0,0$

Die dadurch resultierenden Zugehörigkeitsvektoren lauten somit wie folgt:

$$\mu_{CO_{2\,SOLL}} = \begin{pmatrix} 0,0 \\ 0,5 \\ 0,5 \\ 0,0 \\ 0,0 \\ 0,0 \end{pmatrix}$$

$$\mu_{CO_{2\,IST}} = \begin{pmatrix} 0,0 \\ 0,0 \\ 0,3 \\ 0,7 \\ 0,0 \\ 0,0 \end{pmatrix}$$

Die Regelung der CO_2-Konzentration erfolgt durch ständiges Abgleichen zwischen der $CO_{2\,SOLL}$- und der $CO_{2\,IST}$- Konzentration. Die daraus resultierende CO_2-Differenz ΔCO_2 lässt das Lüftungssystem wie folgt steuern:

Tabelle 3: Fuzzifizierung der Ventilatoreneinstellung[37]

CO₂ Luftqualität	
Differenz $CO_{2\,SOLL}$ $CO_{2\,IST}$	**Fuzzy-Menge**
ΔCO_2 < -600 ppm	erhöhen
-1.200 ppm < ΔCO_2 < 0 ppm	etwas erhöhen
-200 ppm < ΔCO_2 < 200 ppm	unverändert lassen
0 ppm < ΔCO_2 < 1.200 ppm	etwas verringern
ΔCO_2 > 600 ppm	verringern

Der integrierte Sensor im Touchpanel des Hauses stellt bspw. fest, dass eine Abweichung von -250 ppm zwischen dem $CO_{2\,SOLL}$- und dem $CO_{2\,IST}$- Wert vorliegt. Hierbei wird erkannt, dass die Abweichung kleiner als 0 ppm und größer als – 1.200 ppm ist, sodass diese der Fuzzy-Menge „etwas erhöhen" zugeordnet wird. Im umgekehrten Fall wird die Ventilatoreneinstellung „etwas verringert".[38] In diesem Beispiel lassen sich einzelne Werte den jeweiligen Fuzzy-Mengen zuordnen. Auch kann es vorkommen, dass eine Abweichung von bspw. -900 ppm sowohl der Fuzzy-Menge „etwas erhöhen" als auch „erhöhen" zugeordnet werden können. Die Fuzzy-Mengen lassen sich in nachfolgender Abbildung grafisch darstellen.

---

[37] Eigene Darstellung.
[38] Hierbei soll angemerkt werden, dass es im umgekehrten Fall logisch betrachtet nicht sinnvoll ist, eine schlechte Luftqulität hervorrufen zu wollen, sondern eher eine sehr gute bis mittlere Qualität. Vollständigkeitshalber werden in der Tabelle alle Fuzzy-Mengen angesprochen, im weiteren Verlauf des Assignments werden diese Mengen jedoch ausgeschlossen.

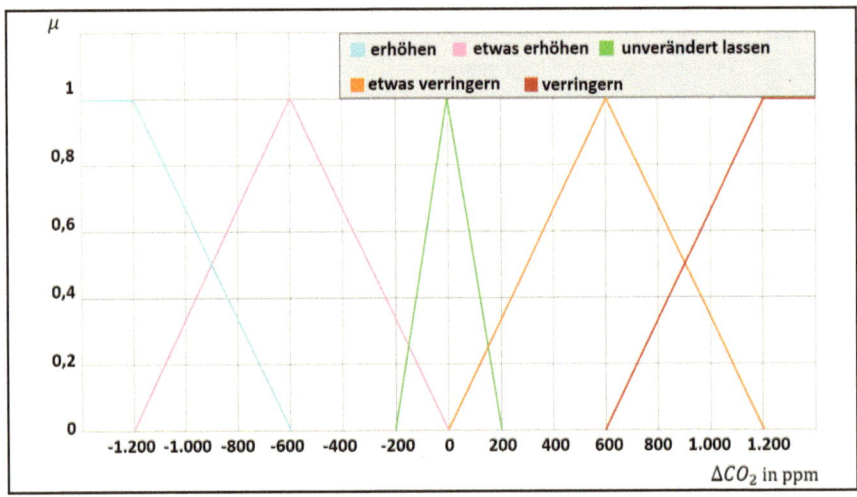

Abbildung 8: Zugehörigkeitsfunktionen der Fuzzy-Mengen aus ΔCO_2[39]

3.4 Regelaufstellung und Inferenz

Bei der Regelaufstellung besteht das Ziel darin, die Ein- und Ausgangsgrößen des Fuzzy-Reglers mit Regeln zu definieren. Wie bei der Fuzzifizierung bereits festgestellt, wird von einem $CO_{2\ IST}$-Wert von 1.150 ppm und einem $CO_{2\ SOLL}$-Wert von 900 ppm ausgegangen. Aufgrund dessen lassen sich die linguistischen Terme „*sehr gut*", „*gut*" und „*mittel*" ansprechen, woraus sich $3^2 = 9$ mögliche Regeln aufstellen lassen. Wie bereits in den Grundlagen erläutert, werden die Regeln anhand von *WENN – DANN* – Bedingungen und logischen Operatoren aufgestellt. In diesem Beispiel wird für die Regelaufstellung der Operator *UND* ($\wedge$) verwendet und lässt sich in nachfolgender Tabelle darstellen. Nach der Aufstellung der Regelbasis werden anschließend die einzelnen Schritte der Inferenz durchlaufen.

---

[39] Eigene Darstellung.

Tabelle 4: Aufstellung der Regelbasis auf Grundlage von $CO_{2\,SOLL}$- und $CO_{2\,IST}$ Fuzzy-Mengen[40]

Regel	Prämisse	Konklusion
1.	WENN $CO_{2\,IST}$ „sehr gut" UND $CO_{2\,SOLL}$ „sehr gut",	DANN Ventilatorstellung „unverändert lassen" schalten.
2.	WENN $CO_{2\,IST}$ „sehr gut" UND $CO_{2\,SOLL}$ „gut",	DANN Ventilatorstellung „etwas verringern" schalten.
3.	WENN $CO_{2\,IST}$ „sehr gut" UND $CO_{2\,SOLL}$ „mittel",	DANN Ventilatorstellung „verringern" schalten.
4.	WENN $CO_{2\,IST}$ „gut" UND $CO_{2\,SOLL}$ „sehr gut",	DANN Ventilatorstellung „etwas erhöhen" schalten.
5.	WENN $CO_{2\,IST}$ „gut" UND $CO_{2\,SOLL}$ „gut",	DANN Ventilatorstellung „unverändert lassen" schalten.
6.	WENN $CO_{2\,IST}$ „gut" UND $CO_{2\,SOLL}$ „mittel",	DANN Ventilatorstellung „etwas verringern" schalten.
7.	WENN $CO_{2\,IST}$ „mittel" UND $CO_{2\,SOLL}$ „sehr gut",	DANN Ventilatorstellung „erhöhen" schalten.
8.	WENN $CO_{2\,IST}$ „mittel" UND $CO_{2\,SOLL}$ „gut",	DANN Ventilatorstellung „etwas erhöhen" schalten.
9.	WENN $CO_{2\,IST}$ „mittel" UND $CO_{2\,SOLL}$ „mittel",	DANN Ventilatorstellung „unverändert lassen" schalten.

3.4.1 Aggregation

Der erste Schritt des Inferenzverfahrens ist die Aggregation. Bei der Aggregation wird der Wahrheitswert der aufgestellten Regeln bestimmt. Dabei wird der Wahrheitswert durch folgende Regel definiert: [41]

$$v_{WENN}^{(i,j)} = \mu CO_{2\,IST},i\,(CO_{2\,IST}) \wedge \mu CO_{2\,SOLL},j\,(CO_{2\,SOLL}) = min\{\mu CO_{2\,IST},i;\mu CO_{2\,SOLL},j\} \qquad (1)$$

Hierbei wird an jeder Stelle (i,j) der Wahrheitswert $v_{WENN}^{(i,j)}, i = j = 1,...,n$ bestimmt, wobei i für $CO_{2\,IST}$ und j für $CO_{2\,SOLL}$ steht. Die linguistischen Terme werden für dieses Beispiel wie folgt beschrieben: $i = j = 1 = sehr\,gut, i = j = 2 = gut\,und\,i = j = 3 = mittel$.

---

[40] Eigene Darstellung.
[41] Vgl. Jerems, S. (o.J.), S. 29.

Hierbei sei anzumerken, dass der logische Operator *UND* gewählt und somit gemäß Zadeh die Schnittmenge anhand des Minimum-Operators gebildet wird, bei dem sich der kleinste Wert beider Mengen auswählen lässt. Die Regeln lauten somit wie folgt:

Tabelle 5: Wahrheitswerte relevanter Regeln[42]

Regel	Wahrheitswert der Regel
1.	$v_{WENN}^{(1,1)} = \mu CO_2{}_{IST}, sehr\ gut(1.150\ ppm) \wedge \mu CO_2{}_{SOLL}, sehr\ gut(900\ ppm) = min\ \{0,0; 0,5\} = 0,0$
2.	$v_{WENN}^{(1,2)} = \mu CO_2{}_{IST}, sehr\ gut(1.150\ ppm) \wedge \mu CO_2{}_{SOLL}, gut(900\ ppm) = min\ \{0,0; 0,5\} = 0,0$
3.	$v_{WENN}^{(1,3)} = \mu CO_2{}_{IST}, sehr\ gut(1.150\ ppm) \wedge \mu CO_2{}_{SOLL}, mittel(900\ ppm) = min\ \{0,0; 0,0\} = 0,0$
4.	$v_{WENN}^{(2,1)} = \mu CO_2{}_{IST}, gut(1.150\ ppm) \wedge \mu CO_2{}_{SOLL}, sehr\ gut(900\ ppm) = min\ \{0,3; 0,5\} = 0,3$
5.	$v_{WENN}^{(2,2)} = \mu CO_2{}_{IST}, gut(1.150\ ppm) \wedge \mu CO_2{}_{SOLL}, gut(900\ ppm) = min\ \{0,3; 0,5\} = 0,3$
6.	$v_{WENN}^{(2,3)} = \mu CO_2{}_{IST}, gut(1.150\ ppm) \wedge \mu CO_2{}_{SOLL}, mittel(900\ ppm) = min\ \{0,3; 0,0\} = 0,0$
7.	$v_{WENN}^{(3,1)} = \mu CO_2{}_{IST}, mittel(1.150\ ppm) \wedge \mu CO_2{}_{SOLL}, sehr\ gut(900\ ppm) = min\ \{0,7; 0,5\} = 0,5$
8.	$v_{WENN}^{(3,2)} = \mu CO_2{}_{IST}, mittel(1.150\ ppm) \wedge \mu CO_2{}_{SOLL}, gut(900\ ppm) = min\ \{0,7; 0,5\} = 0,5$
9.	$v_{WENN}^{(3,3)} = \mu CO_2{}_{IST}, mittel(1.150\ ppm) \wedge \mu CO_2{}_{SOLL}, mittel(900\ ppm) = min\ \{0,7; 0,0\} = 0,0$

Aus der Regelbasis ableitend kann festgestellt werden, dass die 4., 5., 7.und 8. Regel aktive Regeln sind. Diese Regeln sind für die weiteren Berechnungen relevant. Die restlichen Regeln, bei denen die Schlussfolgerungen null sind, werden nicht benötigt, da diese die weiteren Berechnungen nicht beeinflussen.[43] Als Ergebnis wird die Erfüllungsmatrix aufgestellt, die die jeweiligen Erfüllungsgrade der Gesamtprämisse abbildet.

$$N_{WENN} \begin{pmatrix} 0,0 & 0,0 & 0,0 \\ 0,3 & 0,3 & 0,0 \\ 0,5 & 0,5 & 0,0 \end{pmatrix} \tag{2}$$

---

[42] Eigene Darstellung.
[43] Vgl. Zacher, S., Reuter, M. (2017), S. 374.

3.4.2 Implikation

Bei der Implikation werden die Fuzzy-Mengen verknüpft und mit den aufgestellten Regeln, die sich aus der Aggregation ergeben haben, abgeglichen. Dabei wird der Wahrheitswert der Konklusion herausgearbeitet, welches durch das sog. *Approximative Schließen* erreicht wird. Dabei soll der Einfluss des Wahrheitswertes einer Regelprämisse auf den Wahrheitswert der Konklusion beschrieben werden.[44]

$$\forall c \in C: \qquad \mu_{B_i} \cdot (c) = \min\{\mu_{B_i}(c), E_i(\underline{x})\} \qquad \text{für } i \in \{1,\dots,n\} \qquad (3)$$

Die Strategie zum Approximativen Schließen wird durch die Mamdani-Implikation bestimmt, die anhand des Minimum Operators angewendet wird. Hierbei wird die bisherige Fuzzy-Menge nach oben beschränkt, was bedeutet, dass der Zugehörigkeitswert eines Wertes den Wahrheitswert der Prämisse zur neuen Fuzzy-Menge nicht übersteigen kann.[45] Dabei sei B_i^* die Fuzzy-Menge, die auf der Höhe des Erfüllungsgrades $E_i(\underline{x})$ abgeschnitten wird. Die praktische Umsetzung der Implikation erfolgt in den Abbildungen 9 bis 12.

---

[44] Vgl. Drechsel, D. (1996), S. 69.
[45] Vgl Bungartz, H.-J., Zimmer, S., Buchholz, M., Pflüger, D. (2013), S. 267.

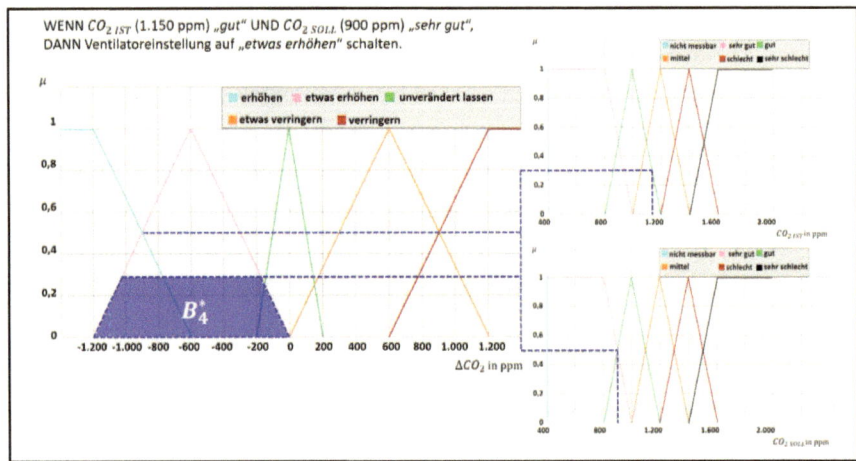

Abbildung 9: Implikation der 4. Regel[46]

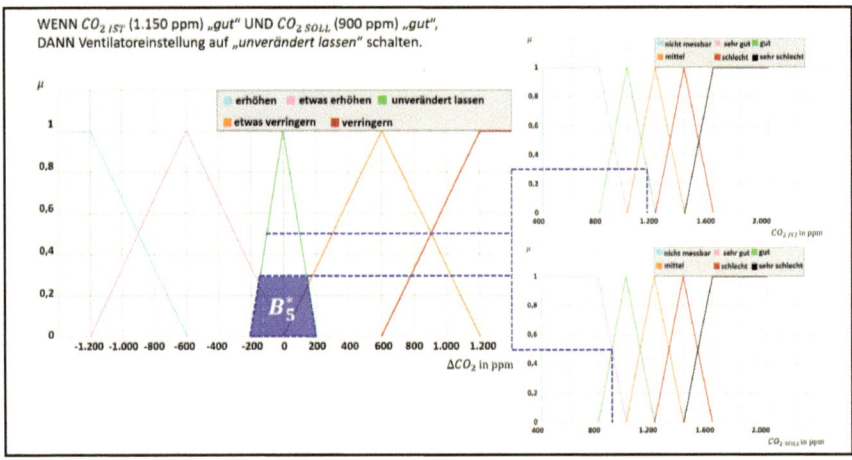

Abbildung 10: Implikation der 5. Regel[47]

---

[46] Eigene Darstellung.
[47] Eigene Darstellung.

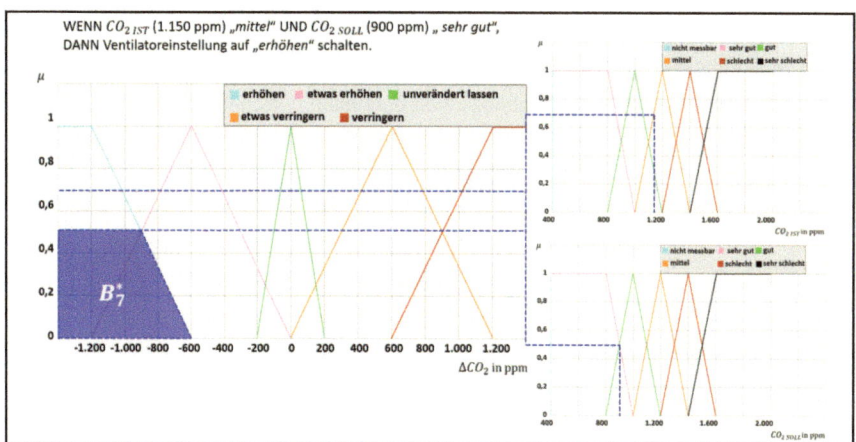

Abbildung 11: Implikation der 7. Regel[48]

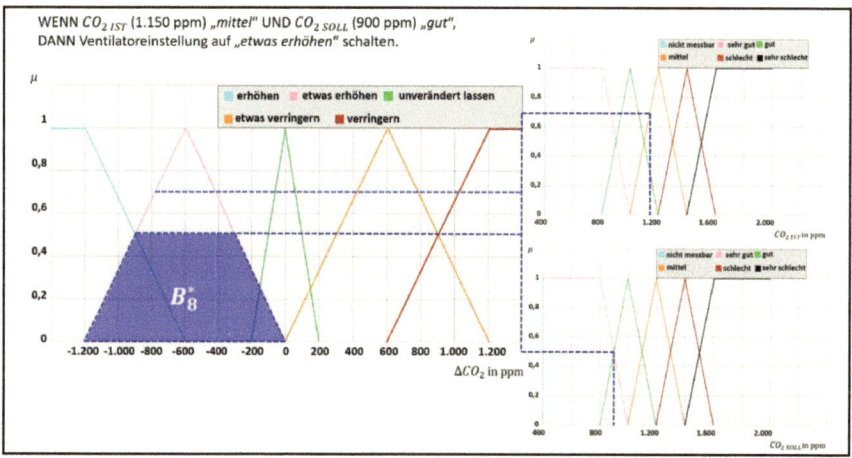

Abbildung 12: Implikation der 8. Regel[49]

---

[48] Eigene Darstellung.
[49] Eigene Darstellung.

3.4.3 Akkumulation

Die Akkumulation bildet den letzten Schritt aus der Inferenz. In der Akkumulation lassen sich die Fuzzy-Mengen aus der Implikation darstellen, welche schließlich durch die Bildung der Vereinigungsmenge zusammengefasst werden. Hierbei wird die akkumulierte Fuzzy-Menge B^* gebildet, die sich aus der Vereinigung der Fuzzy-Mengen B_i^* darstellt.[50]

$$B^* = \bigcup_{i=1}^{n} B_i^* \tag{4}$$

Bei der Bildung der Vereinigungsmenge wird für das behandelnde Beispiel der Max-Operator nach Mamdani angewendet. In den einzelnen linguistischen Termen wird jeweils der größte Term ausgewählt, sodass sich diese Flächen zusammenfassen lassen.[51]

$$\forall c \in C: \quad \mu_B \cdot (c) = max\,\{\mu_{B_i} \cdot (c),\, \dots,\, \mu_{B_n} \cdot (c)\} = \underset{i=1}{\overset{n}{max}}\ \mu_{B_i} \cdot (c) \tag{5}$$

Die Zusammenführung der jeweiligen Flächen $(B_4^*, B_5^*, B_7^*, B_8^*)$ lassen sich in nachfolgender Abbildung grafisch darstellen. Als Ergebnis der Inferenz wird eine Ausgangs-Fuzzy-Menge gebildet, welche die Grundlage der Defuzzifizierung darstellt.

---

[50] Vgl. Drechsel, D. (1996), S. 70.
[51] Vgl. Drechsel, D. (1996), S. 71.

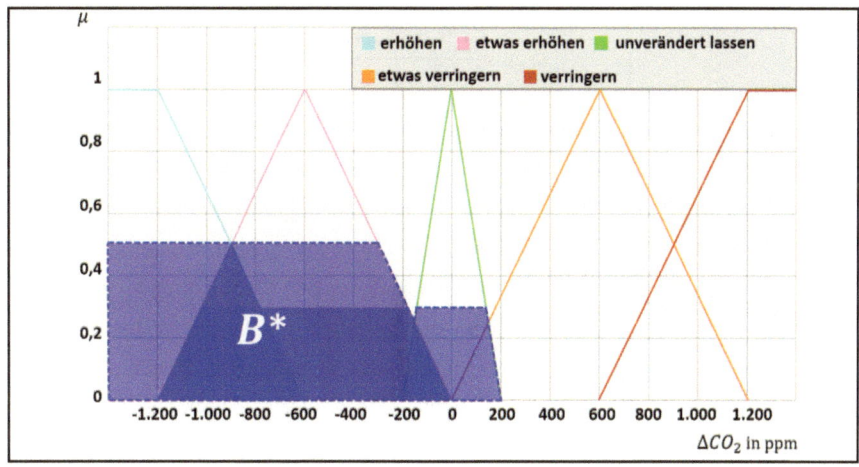

Abbildung 13: Akkumulation des Anwendungsbeispiels[52]

3.5 Defuzzifizierung

Die Defuzzifizierung ist der abschließende Teil des Fuzzy Systems, bei dem die resultierende Ausgangs-Fuzzy-Menge aus der Akkumulation in eine scharfe Ausgangsgröße
umgewandelt wird. Wie in den Grundlagen bereits beschrieben, lassen sich für die Defuzzifizierung mehrere Verfahren aufweisen. Aufgrund des beschränkten Umfangs des Assignment wird sich an dieser Stelle auf das Maximumschwerpunktverfahren (CoM) beschränkt. Hierbei wird zunächst für jede Fläche einer Fuzzy-Menge der jeweilige Singleton eingezeichnet und der Schwerpunkt ermittelt. Anschließend werden die Zugehörig-
keitswerte der Schwerpunkte genutzt, um den gewichteten Durchschnitt der Fuzzy-Singletons zu bilden, sodass schließlich ein Flächenschwerpunkt resultiert. Hierbei sei anzumerken, dass sich die Schwerpunkte der dreieckförmigen Zugehörigkeitsfunktionen
einfach ermitteln bzw. ablesen lassen. Der Schwerpunkt der Fläche B_7^* gestaltet sich etwas komplexer, worauf an dieser Stelle des Assignments nicht weiter eingegangen und

---

[52] Eigene Darstellung.

auf entsprechende Literatur verwiesen wird. Die Formel für die Ermittlung des CoM lässt sich wie folgt darstellen:[53]

$$C_{CoM} = \frac{\sum_{l=1}^{n_4} \bar{c}_l \cdot \mu_{\bar{B}^*}(c_l)}{\sum_{l=1}^{n_4} \mu_{\bar{B}^*}(c_l)} \tag{6}$$

In Abbildung 14 lassen sich die Schwerpunkte, die Fuzzy-Singletons sowie der CoM grafisch darstellen. Für die Fuzzy-Menge B_7^* wurde der Schwerpunkt für die Ventilatoreneinstellung auf -1.069,23 CO_2 in ppm bei einem Zugehörigkeitsgrad von 0,23 berechnet. Dabei lässt sich der C_{CoM} für dieses Beispiel auf - 661,57 ppm errechnen. Das bedeutet, dass der Fuzzy-Regler die Ventilatoreneinstellung um 661,57 ppm erhöhen wird, um eine bessere Luftqualität erzielen zu können. Im Hinblick auf die Plausibilität des Ergebnisses der CoM Methode kann gesagt werden, dass diese ein genaueres Ergebnis im Vergleich zu den Methoden MoM und CoA liefert. Der Grund dafür liegt in der Berücksichtigung der gesamten akkumulierten Fläche der Fuzzy-Mengen, welche bei den anderen Methoden nicht der Fall ist, da diese lediglich die Fläche der Fuzzy-Mengen mit den größten Zugehörigkeitswerten betrachten.

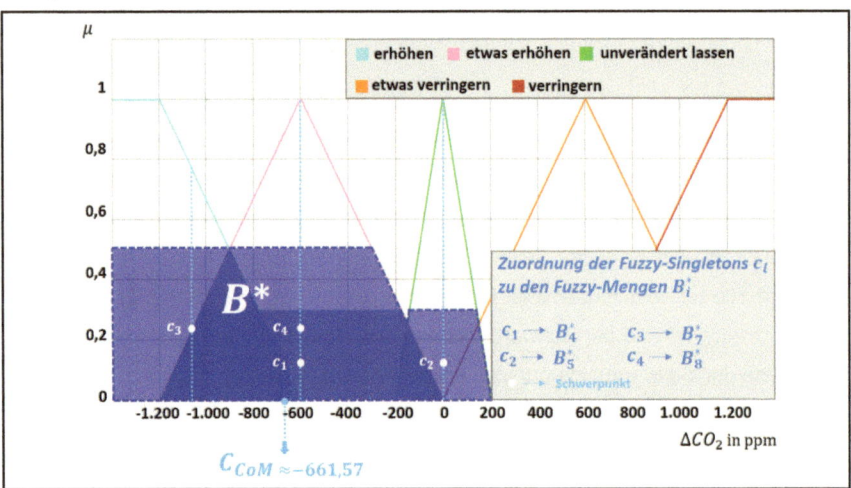

Abbildung 14: Defuzzifizierung mit der Center-of-Maxima-Methode[54]

---

[53] Vgl. Jerems, S. (o.J.), S. 36 f.
[54] Eigene Darstellung.

4 Vor- und Nachteile von Fuzzy Controllern

Die bisherigen Ausführungen haben gezeigt, dass Fuzzy Controller vielfältige Einsatzmöglichkeiten aufweisen und aufgrund ihrer unscharfen Werte gute Lösungsansätze erbringen. In diesem Kapitel werden abschließend die Vor- und Nachteile eines Fuzzy Controllers im Gegensatz zu regelbasierten Systemen ohne Fuzzy-Logik erläutert.

Die Vorteile eines Fuzzy-Reglers gegenüber einer konventionellen Regelung liegen zum einen in der intuitiven Verständlichkeit und zum anderen in der hohen Flexibilität.[55] Dies lässt sich u.a. dadurch begründen, dass sich die Regelbasis und die Definition der Fuzzy-Mengen nachträglich beliebig erweitern oder anpassen lassen. Außerdem wird ein Fuzzy-Regler mit linguistischen Ausdrücken beschrieben und ist somit einfacher als eine mathematische Beschreibung zu verstehen. Die Mehrgrößenregelungen können dabei schnell, problemorientiert und nachvollziehbar eingesetzt werden, vor allem wenn das Streckenmodell eine nichtlineare Struktur aufweist.

Neben diesem Potential eines Fuzzy-Reglers lassen sich dementsprechend auch einige Diskrepanzen aufweisen. Dazu zählt bspw., dass der Fuzzy-Regler auf der Grundlage von Expertenwissen direkt entworfen wird, welches einen hohen Rechen- und Zeitaufwand hervorruft, sodass nachträgliche Fehler kaum zu korrigieren sind. Bei konventionellen Reglern wird zunächst ein Modell der Regelstrecke entworfen und basierend auf diesem Modell der Regler erstellt. Außerdem steigt mit erhöhter Komplexität der Aufwand für die Entwicklung eines Fuzzy-Reglers progressiv an. Zudem ist es als schwierig anzusehen ein geeignetes Verfahren bzw. eine Methode bei der Defuzzifizierung zu finden. Die Auswahl einer ausgewählten Methode kann zum einen komplex, langsam und gut sein, zum anderen kann diese schnell, aber mit schlechtem Ergebnis erfolgen.[56]

Wie aus den beschriebenen Vor- und Nachteilen hervorgeht, ist es als essenziell anzusehen, dass die Auswahl zwischen einem Fuzzy-Regler oder einem klassischen Regler

---

[55] Vgl. Heckenthaler, T., Engell, S. (1997), S. 8.
[56] Vgl. gunt, o.J., S. 337, (Zugriff am 14.03.2021).

von unterschiedlichen Faktoren abhängig ist, wie bspw. dem Anwendungsfall, die Zielsetzung eines Reglers und den vorhandenen Ressourcen.

5   Zusammenfassung und kritische Reflexion

Das Ziel dieses Assignments bestand darin, ein Grundverständnis zum Themengebiet des Fuzzy-Controllers näher zu bringen, um dann den Aspekt der Modellierung zum einen mit Methoden, zum anderen mit Hilfe der Fuzzy-Logik näher zu betrachten und diese abschließend mit Vor- und Nachteilen zu beschreiben. Die Problematik dieses Themas bestand darin, dass sich die technische Umsetzung von verbalen Beschreibungen in scharfe Ausgangswerte als schwierig erweist. Mit dem Ziel ein Grundverständnis für die Thematik herauszuarbeiten, wurde die Einfachheit der Beschreibung von linguistischen Variablen berücksichtigt, die sich durch das Aufstellen von Regeln in einer Regelbasis verarbeiten und auswerten lassen. Dabei wurden zunächst in Kapitel 2 die Grundlagen erläutert und auf die Definitionen des Fuzzy-Begriffs, des Fuzzy-Controllers sowie auf die Verarbeitungsschritte Fuzzifizierung, Inferenz und Defuzzifizierung eingegangen. Darauf aufbauend war es in Kapitel 3 möglich, die Funktionsweise einer Fuzzy-Regelung anhand eines Anwendungsbeispiels zu illustrieren. Die Verarbeitungsschritte wurden dafür bereits im Grundlagenbereich deskriptiv beschrieben, bevor diese anhand des Praxisbeispiels angewendet wurden. Hierbei konnte bereits festgestellt werden, dass der Fuzzy-Regler einen einfachen und verständlichen Lösungsansatz für regelungstechnische Aufgaben darstellt. Neben diesen Vorteilen weist der Fuzzy-Regler dennoch einige Nachteile auf, die in Kapitel 4 dieses Assignments aufgezeigt wurden.

Das vorliegende Assignment stellt die Beschreibung der Einfachheit dieses Themas in den Vordergrund, weshalb die mathematischen Berechnungen in den Hintergrund rücken und ein Grundverständnis für die Thematik mit einem analytischen bzw. grafischen Lösungsansatz erzielt wird. Grundsätzlich kann gesagt werden, dass der Fuzzy-Controller bzw. der Fuzzy-Regler durch das angewandte Praxisbeispiel näher vertieft und ein besseres Verständnis durch die angewandten Methoden hervorgerufen hat. Allerdings wurde dadurch auch ersichtlich, dass u.a. die Aufstellung einer Regelbasis auf der Grundlage von Expertenwissen beruhen und somit einen hohen Rechen- und Zeitaufwand erfordern.

Dies setzt sowohl ein umfangreiches Verständnis als auch detaillierte Kenntnisse voraus. Es wäre somit denkbar unterschiedliche Konstellationen der Methoden der Inferenzschritte durchzuführen, um dessen Zusammenspiel und die gegenseitigen Wirkungszusammenhänge zu analysieren. Auch die Erfahrungen von bestehenden Reglern könnte dazu führen, dass in gewissen Anwendungsfällen bestimmte Muster zu erkennen sind, die das gewünschte Regelverhalten erfüllen. Dadurch könnte bspw. der hohe Rechen- und Zeitaufwand minimiert werden. Weiterhin konnte im Rahmen des Anwendungsbeispiels festgestellt werden, dass aufgrund des begrenzten Umfangs des Assignments nur eine Methode der Defuzzifizierung angewandt werden konnte, wobei die weiteren Arten der Defuzzifizierung vollständigkeitshalber deskriptiv beschrieben, aber nicht anwendungsbezogen berücksichtigt wurden.

In Zukunft wird der Bereich der Fuzzy-Mengenlehre weiter an Bedeutung zunehmen. So sieht Bart Kosko, ein führender Theoretiker und Befürworter der Softwaredesign-Philosophie ein enormes Potenzial in der Fuzzy-Logik, z.B. wenn es um das Steuerrecht, das Wahlrecht, die Gentechnologie, die Tiefenphysik oder die posthumane Unsterblichkeit geht. Die Anwendung der Fuzzy-Logik in verschiedenen Branchen könnte laut Kosko die Welt von Grund auf verändern.[57]

---

[57] Vgl. Klüver, C., Klüver, J., Schmidt, J. (2012), S. 150 ff.

Anhang

Anm. der Red.: Diese Abb. wurde aus urheberrechtlichen Gründen entfernt.

Anhang 1: Übersicht verschiedener Defuzzifizierungsverfahren[58]

---

[58] Ringling, M. (2003), (Zugriff am 09.03.2021).

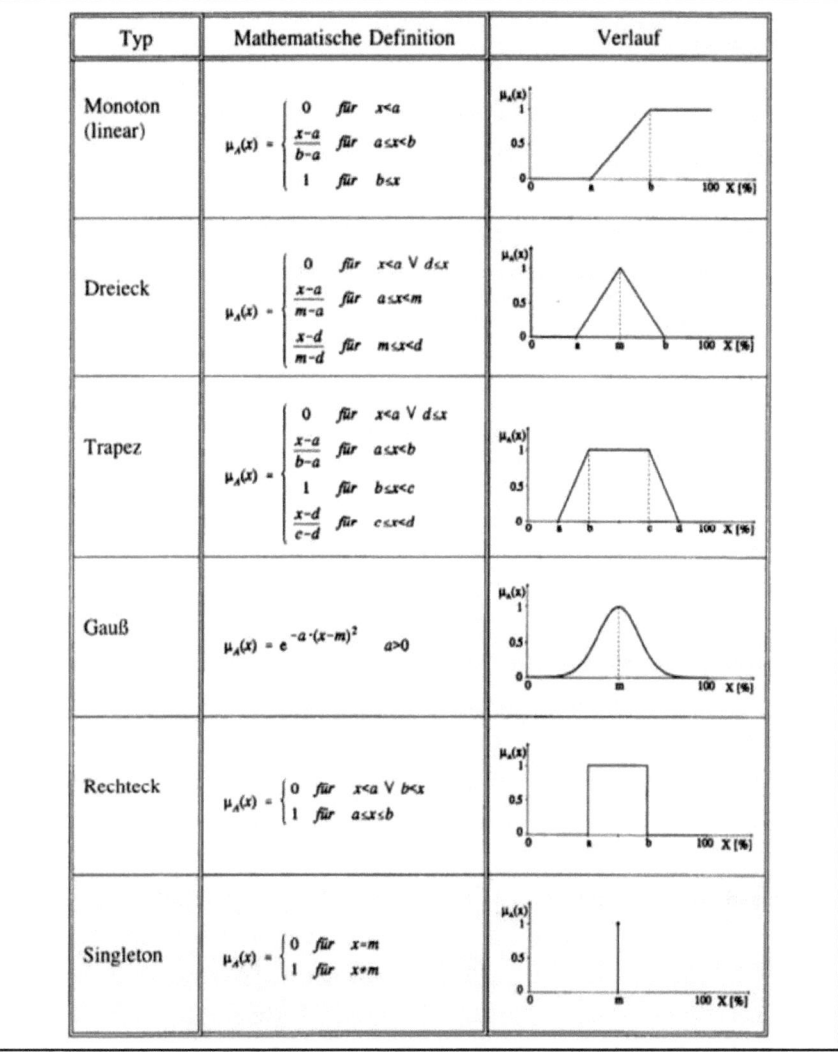

Typ	Mathematische Definition	Verlauf
Monoton (linear)	$\mu_A(x) = \begin{cases} 0 & \text{für } x<a \\ \frac{x-a}{b-a} & \text{für } a \leq x < b \\ 1 & \text{für } b \leq x \end{cases}$	
Dreieck	$\mu_A(x) = \begin{cases} 0 & \text{für } x<a \vee d \leq x \\ \frac{x-a}{m-a} & \text{für } a \leq x < m \\ \frac{x-d}{m-d} & \text{für } m \leq x < d \end{cases}$	
Trapez	$\mu_A(x) = \begin{cases} 0 & \text{für } x<a \vee d \leq x \\ \frac{x-a}{b-a} & \text{für } a \leq x < b \\ 1 & \text{für } b \leq x < c \\ \frac{x-d}{c-d} & \text{für } c \leq x < d \end{cases}$	
Gauß	$\mu_A(x) = e^{-a \cdot (x-m)^2} \qquad a>0$	
Rechteck	$\mu_A(x) = \begin{cases} 0 & \text{für } x<a \vee b<x \\ 1 & \text{für } a \leq x \leq b \end{cases}$	
Singleton	$\mu_A(x) = \begin{cases} 0 & \text{für } x=m \\ 1 & \text{für } x \neq m \end{cases}$	

Anhang 2: Arten von verschiedenen Zugehörigkeitsfunktionen[59]

---

[59] Drechsel, D. (1996), S. 31.

Literaturverzeichnis

Quellenangaben:

Aphorismen (Hrsg.): Aphorismen, Zitate, Sprüche und Gedichte; https://www.aphorismen.de/zitat/92171 (Zugriff am 07.03.2021).

Berns, K., Köpper, A., Schürmann, B. (2019): Technische Grundlagen eingebetteter Systeme – Elektronik, Systemtheorie, Komponenten und Analyse, Wiesbaden, Springer Verlag.

Bungartz, H.-J., Zimmer, S., Buchholz, M., Pflüger, D. (2013): Modellbildung und Simulation – Eine anwendungsorientierte Einführung, 2., überarbeitete Auflage, Heidelberg, Springer Verlag.

Drechsel, D. (1996): Regelbasierte Interpolation und Fuzzy Control, Wiesbaden, Springer Verlag.

Heckenthaler, T., Engell, S.: Ein Verfahren zur Auslegung schneller Fuzzy-Regelungen, in: Informatik Forschung und Entwicklung 12, 1997, S. 7-13.

Hoffmann, F. (1997): Entwurf von Fuzzy-Reglern mit Genetischen Algorithmen, Wiesbaden, Springer Verlag.

Jerems, S. (o.J.): Systemdesign, Fuzzy II, AKAD-Studienbrief SYD815, o.O.

Klüver, C., Klüver, J., Schmidt, J. (2012): Modellierung komplexer Prozesse durch naturanaloge Verfahren – Soft Computing und verwandte Techniken, 2., erweiterte und aktualisierte Auflage, Wiesbaden, Springer Verlag.

Kruse, R., Borgelt, C., Braune, C., Klawonn, F., Moewes, C., Steinbrecher, M. (2015): Computational Intelligence – Eine methodische Einführung in künstliche neuronale

Netze, evolutionäre Algorithmen, Fuzzy-Systeme und Bayes Netze, 2., überarbeitete und erweiterte Auflage, Wiesbaden, Springer Verlag.

Mikut, R., Böhlmann, S., Cuno, B., Jäkel, J., Kroll, A., Rauschenbach, T., Pfeiffer B.-M., Slawinski, T.: Fuzzy-Logik und Fuzzy Control – Begriffe und Definitionen; https://www.researchgate.net/profile/Ralf_Mikut/publication/236893593_Fuzzy-Logik_und_Fuzzy_Control-Begriffe_und_Definitionen/links/0deec51e544ec391a8000000/Fuzzy-Logik-und-Fuzzy-Control-Begriffe-und-Definitionen.pdf (Zugriff am 07.03.2021).

O.V.: Basiswissen Fuzzy-Regelung, hrsg. von gunt Hamburg, https://www.gunt.de/images/download/fuzzy_control_german.pdf (Zugriff am 14.03.2021).

OTT HydroMet Fellbach GmbH: Lufft Blog – Fünf Gründe, warum die Überwachung des CO_2-Gehalts eine gute Idee ist; Fünf Gründe, warum die Überwachung der CO2-Konzentration eine gute Idee ist | Lufft Blog. (Zugriff am 10.03.2021.).

Ringling, M.: Fuzzy Logik – Fuzzy Sets & Fuzzy Logig – Geographische Informationsverarbeitung mit unsicherem Wissen; Zusammenfassung-FuzzyLogic.doc (rigling.net) (Zugriff am 09.03.2021).

Schröder, D., Buss, M. (2017): Intelligente Verfahren – Identifikation und Regelung nichtlinearer Systeme, 2., erweiterte Auflage, Berlin, Springer Verlag.

Thomas, O. (2009): Fuzzy-Process Engineering – Integration von Unschärfe bei der modellbasierten Gestaltung prozessorientierter Informationssysteme, Wiesbaden, Springer Verlag.

Unbehauen, H. (2001): Regelungstechnik I – Klassische Verfahren zur Analyse und Synthese linearer kontinuierlicher Regelsysteme, Fuzzy-Regelsysteme, 11., durchgesehene Auflage, Wiesbaden, Springer Verlag.

Unbehauen, H., Ley, F. (2014): Das Ingenieurwissen: Regelungs- und Steuerungstechnik, Berlin Heidelberg, Springer Verlag.

Völker, C. (2010): Mobile Medien – Zur Genealogie des Mobilfunks und zur Ideengeschichte von Virtualität, Bielefeld, transcript Verlag.

Zacher, S., Reuter, M. (2017): Regelungstechnik für Ingenieure – Analyse, Simulation und Entwurf von Regelkreisen, 15., korrigierte Auflage, Wiesbaden, Springer Verlag.